Doris Arend • Judith Allert

Ponygeschichten
Silbe für Silbe lesen lernen

Mit Bildern von Susanne Schulte
und Melanie Garanin

Mildenberger Verlag

Ravensburger

Bibliografische Information der Deutschen Nationalbibliothek:

Die Deutsche Nationalbibliothek verzeichnet diese Publikation
in der Deutschen Nationalbibliografie.
Detaillierte bibliografische Daten sind im Internet
über http://dnb.d-nb.de abrufbar.

1 3 5 4 2

Ravensburger Leserabe
Diese Ausgabe enthält die Bände
„Ein Zebra auf dem Ponyhof" von Judith Allert
mit Illustrationen von Melanie Garanin,
„Das tollste Pony der Welt" von Doris Arend
mit Illustrationen von Susanne Schulte.
© 2013, 2004 für die Originalausgaben
© 2015, 2009 für die Ausgaben mit farbigem Silbentrenner

© 2022 für die vorliegende Ausgabe
Ravensburger Verlag GmbH
Postfach 2460, 88194 Ravensburg
und Mildenberger Verlag GmbH
Postfach 2020, 77610 Offenburg

Umschlagbild: Sandy Thißen
Konzept Leserätsel: Dr. Birgitta Reddig-Korn
Produktion & Satz:
Weiß-Freiburg GmbH – Grafik und Buchgestaltung
Printed in Germany
ISBN 978-3-473-46189-9

www.ravensburger.de
www.leserabe.de

Inhalt

Doris Arend

Das tollste Pony
der Welt

Mit Bildern von Susanne Schulte

Inhalt

Lulu bekommt Nachbarn

Lulu steht am Zaun und wartet.
Immer wenn die Sonne untergeht,
kommt Bauer Peter.
Er bringt Möhren, Heu und Wasser.
Sonst kommt niemand.

Lulu ist sehr einsam.
Sie ist immer allein auf der Wiese.
Endlich! Lulu hört ein Auto.

„Bald langweilst du dich nicht mehr",
sagt Bauer Peter. „Ein Zirkus schlägt
neben deiner Wiese sein Zelt auf."

Lulu ist ganz aufgeregt.
Endlich passiert mal etwas!

Ein Zirkuswagen nach dem anderen fährt
auf die Wiese.

Ein großes Zelt wird aufgebaut.
Überall laufen Menschen herum.

Ein Seehund spielt mit einem Ball.

Ein Tiger liegt faul in seinem Käfig.

Ein Clown macht einen Handstand.

Und wer versteckt sich da
im Zauberhut?

Nur ein Pony sieht Lulu nicht.
Wie schade!

Eine Freundin für Lulu

Vor einem bunten Zirkuswagen
sitzt ein Mädchen.
„Hallo, ich bin Sabrina", sagt es.
„Und du bist Lulu, oder?"

Das Pony nickt.
Der Name steht auf Lulus Stall.

Sabrina sieht traurig aus.
Lulu stupst sie mit dem Maul.

„Alle können etwas Tolles,
nur ich nicht", seufzt Sabrina.
„Ich kann nur Handstand und Salto,
aber das kann jeder im Zirkus!"

„Soll ich es dir trotzdem zeigen?",
fragt Sabrina. Lulu nickt.

Sabrina stellt sich auf die Hände.
Sie läuft erst vorwärts, dann rückwärts.

Sabrina springt auf die Füße.
Sie macht einen Salto.
Erst vorwärts, dann rückwärts.

Lulu ist begeistert. Sabrina freut sich.
„Kannst du etwas?", fragt sie.

Lulu schüttelt den Kopf.
Sie kann nur schnell laufen,
in alle Richtungen!
Aber das kann ja jedes Pony.

„Zeig mal, was du kannst",
ermuntert Sabrina das Pony.

Da trabt Lulu los.
Erst langsam, dann schnell.

Sie läuft vorwärts, dann rückwärts.
Und dann noch im Kreis!

Sabrina ist beeindruckt.

„Darf ich auf dir reiten?", fragt sie.

Lulu weiß nicht, wie das geht.

Noch nie ist jemand auf ihr geritten.

Sabrina setzt sich auf Lulus Rücken.

Sie drückt ihre Beine an Lulus Seiten.

Wie das kitzelt!
Lulu wiehert und stellt sich
auf die Hinterbeine.

Plumps! Lulu dreht sich um.
Sabrina sitzt auf der Wiese
und reibt sich den Popo.

Lulu stupst sie mit dem Maul.
„Macht nichts", lacht Sabrina.
„Das üben wir noch!"

Sabrina und Lulu reiten
von Sonnenaufgang bis
Sonnenuntergang.
Bald ist Lulu gar nicht mehr kitzelig.

Sabrina steht auf Lulus Rücken
und breitet die Arme aus.
Oder sie macht einen Handstand.

Mit einem Salto rückwärts
springt Sabrina auf die Wiese.

Wer springt ein?

Heute gibt der Zirkus eine Vorstellung.
Alle sind im Zelt und üben.

Sabrina und Lulu schauen zu.
Der Zauberer zaubert
mit seinem Zauberhut.

Der Clown übt Grimassen
und stolziert durch die Manege.

Der Seehund balanciert
einen Ball auf der Schnauze.

Der Seiltänzer läuft auf einem Seil
und dreht sich im Kreis.

Plötzlich stolpert der Clown.
Er tritt dem Seehund auf den Schwanz.

Der Seehund erschrickt und robbt weg.
Er stößt den Zauberer um.

Dem Zauberer fällt
das Kaninchen aus dem Hut.
Er will es wieder einfangen.

Aber das Kaninchen beißt
den Zauberer in die Hand
und hoppelt weg.

Der Zauberer schreit: „Aua!
Wo ist nur mein Kaninchen?"

Da fällt der Seiltänzer
vor Schreck vom Seil.
Alle starren ihn erschrocken an.

„Aua! Aua!", ruft der Seiltänzer.
„Ich glaube, mein Fuß ist gebrochen."

Tatsächlich, der Fuß ist gebrochen.

Der Seiltänzer bekommt einen Gips.

Damit kann er nicht auf dem Seil tanzen.

Alle sind ratlos.

Wer soll nur

für den Seiltänzer auftreten?

„Ich weiß, wer etwas vorführen kann",
sagt plötzlich der Clown.
„Sabrina und Lulu!"

„Wir?", fragt Sabrina erstaunt.
„Wir können gar nichts!"

„Doch", sagt der Clown.

„Ich habe euch heimlich zugeschaut.

Du machst Handstand

auf Lulus Rücken.

Und Lulu kann rückwärts gehen."

Die anderen nicken zustimmend.

„Gut", sagt der Zirkusdirektor.

„Ihr tretet nachher auf!"

Der große Auftritt

Lulu und Sabrina sind ganz aufgeregt.
Ob alles so klappt,
wie sie es geübt haben?

Sabrina kämmt Lulus Mähne.
Sie flicht Zöpfe und Bänder hinein.

Lulu bekommt eine silberne Decke
auf den Rücken.
Sabrina hat ein rotes Kleid an.

Lulu schaut in das Zelt.
Es ist rappelvoll.

Gerade zaubert der Zauberer
das Kaninchen aus dem Hut.
Er hat ein Pflaster auf der Hand.
Die Leute klatschen.

„Jetzt kommen wir",
flüstert Sabrina Lulu ins Ohr.

Sabrina und Lulu reiten ins Zelt
und verbeugen sich.
Langsam trabt Lulu durch die Manege.

Sabrina stellt sich auf Lulus Rücken.
Sie breitet die Arme aus.
Stolz läuft Lulu im Kreis.

Dann geht Lulu rückwärts.
Sabrina macht einen Handstand.

Lulu galoppiert wieder vorwärts.
Sabrina steht mit den Füßen
auf Lulus Rücken.

Mit einem Salto rückwärts
springt sie hinunter.

Die Leute klatschen lange und laut.

Ganz vorne sitzt Bauer Peter.

Er klatscht am lautesten.

Stolz verbeugen sich Sabrina und Lulu.

Sie verlassen das Zelt.

Der Zauberer und der Clown
umarmen die beiden.

Der Seiltänzer kommt angehumpelt.
Alle gratulieren.
Sogar der Zirkusdirektor!

Dann kommt Bauer Peter.
Er streicht Lulu stolz über die Mähne.

„Deine Augen haben geleuchtet",
sagt Bauer Peter. „Du warst sehr einsam,
bevor der Zirkus kam.
Willst du bei Sabrina bleiben?"

Lulu nickt mit dem Kopf.
Ihre Augen leuchten noch mehr.

„Das ist ja wunderbar",
ruft Sabrina und gibt Bauer Peter
einen dicken Kuss auf die Wange.

Judith Allert

Ein Zebra auf dem Ponyhof

Mit Bildern von Melanie Garanin

Inhalt

Ein neuer Freund

Emma und Jule
machen einen Ausritt
auf ihren Ponys
Biene und Flocke.

Im Galopp geht es
einen Feldweg entlang.
Wie im Flug springen sie
über einen umgestürzten Baum.

Neben dem Bach
machen die vier ein Picknick.

Die Ponys bekommen Möhren
und für die Mädchen
gibt es Kuchen.

„Hörst du das?",
fragt Emma plötzlich.
Die Pferde schlagen
unruhig mit dem Schweif.

Etwas raschelt im Gebüsch!
Die Mädchen halten die Luft an.

„Schau mal!", flüstert Jule.
Im Moos hat sie
seltsame Spuren entdeckt.

Emma schiebt
die Zweige beiseite und
lugt vorsichtig dahinter.

In den Büschen steht ein Tier!

Sein Fell ist schwarz-weiß gestreift.

Die Freundinnen sind baff.

Ein echtes Zebra!

Ängstlich legt das Zebra
die Ohren an.
„Wir tun dir nichts",
flüstert Emma.

Tatsächlich kommt das Tier
aus dem Gebüsch.
Schritt für Schritt, ganz langsam.

Neugierig beschnuppern
Biene und Flocke das Zebra.

Ob sie sich vertragen?

Schon stupst Biene
das Zebra freundlich an.

„Seid ihr jetzt Freunde?"
Jule grinst erleichtert.

Emma streichelt das Zebra.
„Du blutest ja!", ruft sie.
Jule säubert die Wunde mit Wasser.
Ihr rotes Halstuch
wird zum Verband.

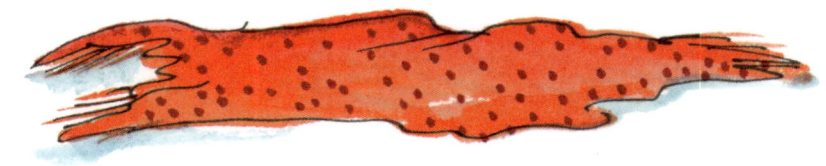

„Es braucht einen Namen",
findet Emma.

Das Zebra knabbert neugierig
an Jules Pulli.

„Wie wäre es mit Lotte?",
schlägt sie vor.
„Die freche Lotte!", lacht Emma.
„Das passt!"

Aufregung im Reitstall

Im Reitstall
ist die Aufregung groß,
als Emma und Jule
ein Zebra mitbringen.

60

Die Reitlehrerin ruft gleich
den Tierarzt.
Sicher ist sicher.
„Ihr habt genau
das Richtige gemacht",
lobt der Tierarzt die Mädchen.

Natürlich ist Lotte
die Sensation im Stall.
Jeder will sie streicheln
und ein Foto machen.

Immer wieder müssen
Emma und Jule
ihr Abenteuer erzählen.

Den Trubel findet Lotte richtig toll.
Sie macht einen lustigen Bocksprung
und wirft die Beine in die Luft.

Am liebsten würden Emma und Jule
Lotte behalten.
Aber ihr Besitzer sucht sie
sicher schon.

Emma ruft im Zoo an.
Aber kein Zebra
wird vermisst.

Und auch im Tierheim
weiß man von nichts.

Vorerst darf Lotte also
bei den Ponys bleiben!

Vor Freude stellt sich das Zebra
auf die Hinterbeine.
„Bravo!", jubelt sein Publikum.

Auf der Wiese liegt ein Fußball.
Lotte tippt ihn mit den Hufen an
und wirft ihn mit der Schnauze
in die Luft!

„Tor!" Alle klatschen,
als der Ball platschend
im Wassertrog landet.

Zum Dank knickt Lotte
mit den Vorderbeinen ein –
eine richtige Verbeugung!

Jetzt wissen Emma und Jule,
wo Lotte hingehört:
„Lotte ist ein Zirkus-Zebra!"

„Da war doch ein Plakat",
erinnert sich Jule.
Der Zirkus Zinnober
ist zu Besuch im Ort.

Zirkus Zinnober

Sofort machen sich die drei
auf den Weg.
Biene und Flocke
wiehern zum Abschied.

Das bunte Zirkuszelt
leuchtet schon von Weitem.

Ein Mädchen im rosa Glitzerkleid
läuft ihnen entgegen.
Sie stellt sich als Anna vor.

„Lara! Wir haben uns
solche Sorgen gemacht!"
Sie gibt dem Zebra einen Nasenkuss.

Lotte heißt also Lara!
„Wenigstens ein Buchstabe passt",
kichert Emma.

Lara darf zurück auf ihre Weide.
Dort wartet schon Luna,
ihre Zebra-Freundin.

Auch Ponys, Ziegen und zwei Esel
toben im Gras herum.

„Und wo sind die Tiger
und die Löwen?", fragt Jule.

Anna lacht.
„Hier gibt es keine wilden Tiere.
Nur die Zebras haben wir
vor vielen Jahren aufgenommen."

Emma und Jule dürfen
alle Tiere streicheln.

Den Artisten sehen sie
bei den Proben zu.

Clown Artur jongliert mit Äpfeln.
Als einer herunterfällt,
schnappt Bobby ihn sich.
Er ist der Frechste
aus der Hunde-Bande.

Fabio, der Magier,
will aus seinem Hut
ein Kaninchen zaubern.

Aber komisch, der Hut ist leer –
und das Kaninchen
mampft Löwenzahn im Gras!

„Heute Abend klappt es besser",
verspricht Anna.
„Da seid ihr natürlich Ehrengäste.
Und alle eure Freunde!"

Die Helden des Tages

Im Zirkuszelt sitzen die Mädchen
in der ersten Reihe.
Die ganze Familie ist dabei
und alle Freunde vom Ponyhof.

Der Zirkusdirektor
begrüßt Emma und Jule persönlich.
„Unsere Helden des Tages!",
ruft er.

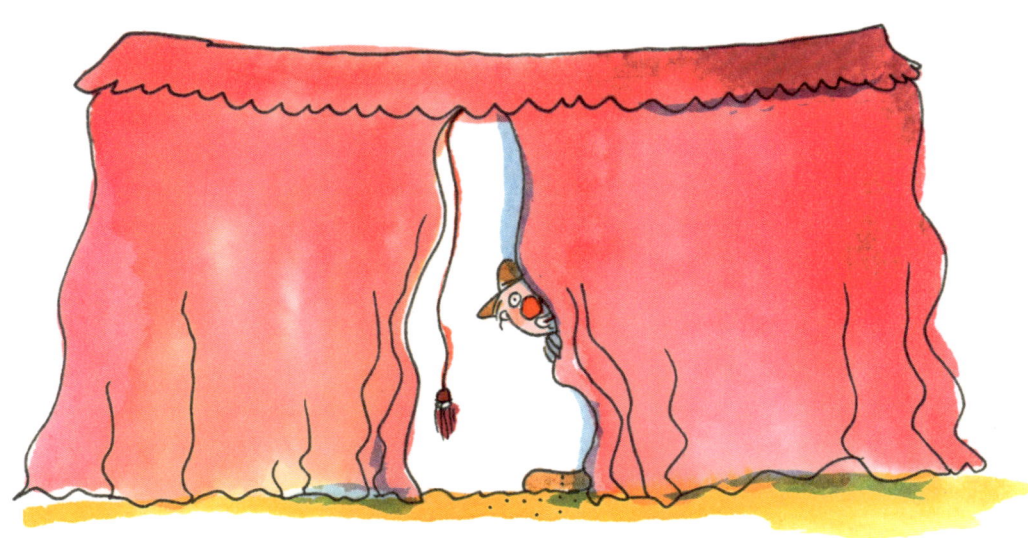

Dann heißt es:
Vorhang auf für Artur
und seine Hunde-Bande!

Artur zwinkert Emma und Jule zu.
Diesmal klappt die Hunde-Dressur
wie am Schnürchen.

Als Nächstes
zaubert Fabio für das Publikum.
Ganz ohne Pannen.

Auch die Ponys und die Esel
bekommen tosenden Applaus.

Der Höhepunkt des Abends
sind Anna und die Zebras.

Anna macht einen Handstand
auf Laras Rücken –
und das im fliegenden Galopp!

Luna springt durch einen Reifen
und verbeugt sich elegant.

Dann ertönt ein Trommelwirbel.
Lara soll über
ein riesiges Hindernis springen!
„Lara, hopp!", ruft Anna.

Jule und Emma
drücken die Daumen.
Alle sind ganz still.

Aber Lara dreht sich um
und galoppiert Richtung Publikum!

Sie stupst die Mädchen
mit der Schnauze an.

„Sie will noch einmal
Danke sagen", lacht Anna.
„Das ist natürlich wichtiger
als so ein Kunststückchen!"

Da gibt es für die Mädchen
noch einmal Applaus
und für die Zebras
eine Karotte extra.

Leserabe

Leserätsel

Rätsel 1

Seltsam, seltsam

Welches Wort stimmt? Kreuze an!

Lulu ist
- ○ eifrig.
- ○ eingebildet.
- ○ einsam.

Der Tiger liegt im
- ○ Kuhstall.
- ○ Käfig.
- ○ Keller.

Der Clown hat heimlich
- ○ zugeschaut.
- ○ zugehört.
- ○ zugesagt.

Rätsel 2

Buchstaben heraushören

In welchen Wörtern hörst du
den Buchstaben L? Kreuze an!

   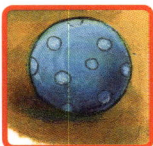 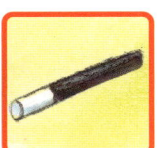

Ordne die Bilder den Sätzen zu!

A) Das Kaninchen mampft Löwenzahn.

B) Das Zebra knabbert an Jules Pulli.

C) Der Ball landet im Wassertrog.

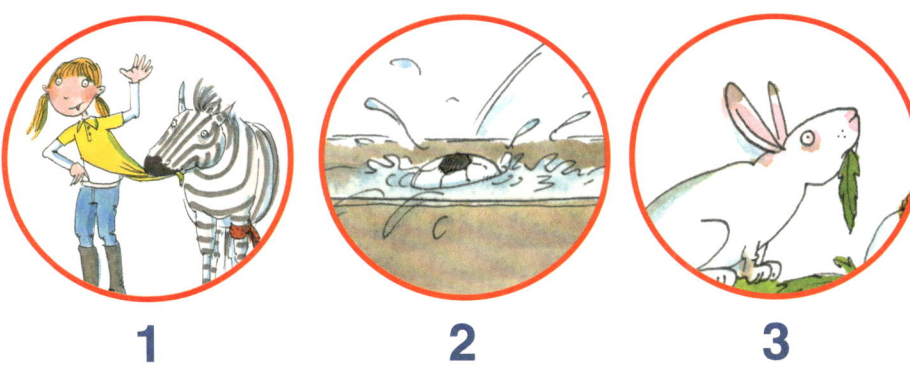

1   **2**   **3**

Rätsel für die Rabenpost

Fülle die Lücken aus. Trage die Buchstaben in die richtigen Kästchen ein. So findest du das Lösungswort für die Rabenpost heraus!

In den Büschen steht ein

1	7	**B**		

. (Seite 55)

„Bravo!", jubelt das

P	5		8	2			**M**

. (Seite 65)

Die Mädchen sitzen in der

E	3	6		

Reihe. (Seite 77)

Für die Zebras gibt es eine

4	**A**		**O**	9	

extra. (Seite 85)

Lösungswort

1	2	3	4	5	6	**Z**	7	8	9

Hast du das Lösungswort herausgefunden?
Dann kannst du jetzt tolle Preise gewinnen.

Gib das Lösungswort auf der -Website
ein oder schick es mit der
Post an folgende Adresse:

An den Leseraben
Rabenpost
Postfach 2007
88190 Ravensburg
Deutschland

Lösungswort

An
den LESERABEN
RABENPOST
Postfach 2007
88190 Ravensburg
Deutschland

Bitte frage
deine Eltern!*

Leichter lesen lernen mit der
Silbenmethode

Durch die Kennzeichnung der einzelnen Silben in Rot und Blau lernen Kinder leichter lesen. Das gelingt so:

- Die einzelnen Wörter werden in Buchstabengruppen aufgeteilt. Diese kleinen Gruppen sind leichter zu erfassen als das ganze Wort.

- Die Buchstabengruppen sind ganz besondere Einheiten: Sie zeigen die **Sprech-Silben** an, den Schlüssel, um ein Wort richtig lesen und verstehen zu können.

Zum Beispiel können bei dem Wort „Giraffe" auch die ersten drei Buchstaben „Gir" als Gruppe gelesen werden: Gir - af - fe. Das könnte dann der Name einer besonderen Affenart sein.

Mit den farbigen Silben dagegen werden sofort die richtigen Buchstabengruppen erkannt: **Giraffe**. Beim Lesen ergibt sich automatisch der richtige Sinn: Es ist das Tier mit dem langen Hals gemeint.

Dadurch lesen alle Leseanfänger leichter und besser – und auch die nicht so starken Leser können schneller Erfolge erzielen.

Die farbigen Silben helfen aber nicht nur beim Lesen, sondern auch bei der **Rechtschreibung**. Der Leseanfänger nimmt von Anfang an die Silbengliederung der Wörter wahr – und kann so die richtige Schreibweise ableiten.

Die original Mildenberger Silbenmethode wird seit über einem Jahrzehnt an vielen Grundschulen unterrichtet und führt bei Kindern nachweislich zu schnellerem Leseerfolg.

Weitere Informationen zur Silbenmethode auf:
www.silbenmethode.de

Leichter lesen lernen mit der Silbenmethode

ISBN 978-3-473-**38573**-7*
ISBN 978-3-619-**14440**-2**

ISBN 978-3-473-**38563**-8*
ISBN 978-3-619-**14473**-0**

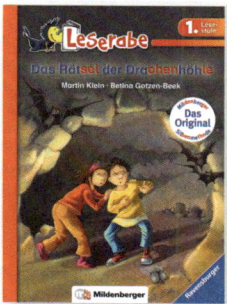

ISBN 978-3-473-**38576**-8*
ISBN 978-3-619-**14442**-6**

ISBN 978-3-473-**38552**-2*
ISBN 978-3-619-**14443**-3**

ISBN 978-3-473-**38544**-7*
ISBN 978-3-619-**14355**-9**

ISBN 978-3-473-**38095**-4*
ISBN 978-3-619-**14448**-8**

ISBN 978-3-473-**38553**-9*
ISBN 978-3-619-**14447**-1**

ISBN 978-3-473-**38572**-0*
ISBN 978-3-619-**14445**-7**

ISBN 978-3-473-**38570**-6*
ISBN 978-3-619-**14483**-9**

ISBN 978-3-473-**38565**-2*
ISBN 978-3-619-**14480**-8**

** **Gebundene Ausgabe** bei Mildenberger • **Broschierte Ausgabe** bei Ravensburger

Leserabe

Lesen lernen wie im Flug!

In drei Stufen vom Lesestarter zum Leseprofi

ERZ 21 002

Vor-Lesestufe
Ab Vorschule

ISBN 978-3-473-46022-9

ISBN 978-3-473-46023-6

ISBN 978-3-473-46024-3

1. Lesestufe
Ab 1. Klasse

ISBN 978-3-473-46025-0

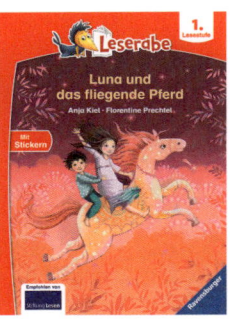

ISBN 978-3-473-46026-7

ISBN 978-3-473-46027-4

2. Lesestufe
Ab 2. Klasse

ISBN 978-3-473-46028-1

ISBN 978-3-473-46029-8

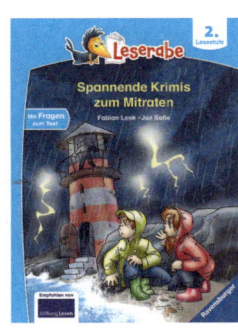

ISBN 978-3-473-46066-3